Barbara Wernsing

Abenteuer-Buch
Meer

Entdecken, beobachten, eintragen

Mit Illustrationen von Yousun Koh

COPPENRATH

Auf ans Meer!

An der Nord- oder Ostseeküste gibt es zu jeder Jahreszeit viel zu entdecken und zu erforschen: an breiten Sandstränden und steilen Felsküsten, auf den Inseln und im Watt. Welche Besonderheiten und Unterschiede gibt es? Und wer lebt dort in Sanddünen, Salzwiesen, Gezeitentümpeln und im Meer?

Aber das ist noch längst nicht alles, was du an der Küste und am Meer erforschen kannst. Willst du
▸ auf die Jagd nach dem Gold des Meeres (Bernstein) gehen,
▸ Strandbesucher und gefährliche Meeresbewohner finden,
▸ geheimnisvolle Fundstücke deuten,
▸ salzige, glitschige, stachelige und messerscharfe Gewächse aufspüren,
▸ riesigen Zugvogel-Schwärmen bei ihren eindrucksvollen Formationsflügen zuschauen oder
▸ Kegelrobbe, Trottellumme, Miesmuschel und Co. kennenlernen?

Mit diesem Forscherbuch im Gepäck kannst du dich auf eine spannende Erkundungstour machen und deine Erlebnisse gleich festhalten.

**Und los geht's!
Viel Spaß an Strand
und Küste!**

Inhaltsverzeichnis

Ausrüstung

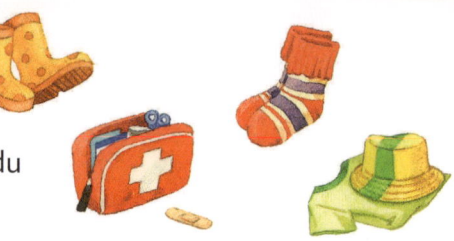

Für eine Expedition ans Meer brauchst du die richtige Forscherausrüstung:

▶ **Zur Grundausrüstung** gehören ein Rucksack, Wasser in der Trinkflasche und etwas Proviant, ein Sonnenhut oder eine Mütze, eine wind- und wasserdichte Jacke, Badeschuhe oder Gummistiefel, dicke Socken für die Wattwanderung und ein Handtuch zum Abtrocknen.

▶ **Zum Forschen** solltest du dieses Buch mit Stift und einen Fotoapparat mitnehmen. Fürs genaue Beobachten und Betrachten sind Fernglas und Lupe nützlich. Um Fundstücke zu sammeln, brauchst du eine Vorratsdose und kleine Tüten. Zusätzlich kannst du einen Eimer, eine Schaufel und einen Kescher mitnehmen.

▶ **Zur Orientierung** dienen eine Landkarte und ein Kompass. Im Watt hilft ein Führer mit viel Erfahrung. Mit einem GPS-Gerät kann man seine Position genau bestimmen und auch in Notsituationen den Rettungskräften eine langwierige Suche ersparen, indem man seine Koordinaten durchgibt.

▶ **Zum Schutz** packst du Sonnencreme, Pinzette, Pflaster und Desinfektionsmittel ein, eine Trillerpfeife für Notsignale und ein Handy, um erreichbar zu sein und Hilfe rufen zu können. Ein Seil hilft bei plötzlichem See-Nebel, eine Gruppe zusammenzuhalten.

Was Küstenforscher wissen müssen

So vermeidest du Gefahren:
▶ Gehe niemals allein ans und ins Meer!
▶ Wandere nur mit erfahrenen Führern ins Watt!
▶ Informiere dich, wann Ebbe und wann Flut herrscht.
▶ Hüte dich vor den Strömungen in Prielen! Sie könnten
dich beim Schwimmen aufs Meer hinausziehen.
▶ Bei aufziehendem Gewitter oder See-Nebel verlasse sofort Wasser,
Strand und Watt! Bei Gewitter könntest du vom Blitz getroffen wer-
den, bei Nebel könntest du dich im Watt verlaufen.
▶ Meide Schlicklöcher, schmale Strände an Steilküsten und Muschel-
felder, damit du nicht stecken bleibst oder am Kopf und an den Füßen
verletzt wirst.

So schützt du Tiere und Pflanzen:
▶ Bleibe in den Dünen auf den markierten Wegen. So zerstörst du die
Pflanzen nicht.
▶ Störe die Tiere so wenig wie möglich!
▶ Hinterlasse keinen Müll!

Mit einem Fernglas
kannst du die Tiere auch
aus größerer Entfernung
gut beobachten.

Ebbe und Flut

An der Nordsee fällt dir eines sofort auf: Sechs Stunden steigt das Wasser und sechs Stunden fällt das Wasser — und das zweimal am Tag. Wie kommt das? Der Mond besitzt eine Anziehungskraft, die das Ozeanwasser auf der Erde beeinflusst. Wo das Wasser sich in Richtung Mond bewegt, steigt der Wasserspiegel. Wo das Wasser abfließt, sinkt der Wasserspiegel. Auf der Seite, die dem Wasserberg genau gegenüberliegt, bleibt das Wasser aus Trägheit zurück und bildet einen zweiten Wasserberg.

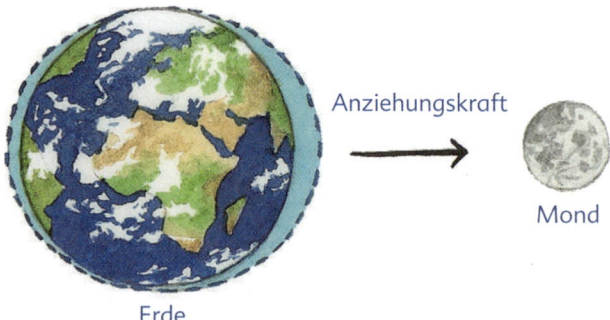

Anziehungskraft

Mond

Erde

Weil sich die Erde dreht, wandern die Wasserberge in 24 Stunden einmal um die Erde. Trifft ein Wasserberg auf eine Küste, steigt dort der Wasserspiegel an — es herrscht Flut. Wandert der Wasserberg weiter, fällt dort der Wasserspiegel — es herrscht Ebbe. Den regelmäßigen Wechsel von Ebbe und Flut nennt man Gezeiten.

Ebbe

Flut

Die Zeiten für Ebbe (NW = Niedrigwasser) und Flut (HW = Hochwasser) sind von Küstenort zu Küstenort verschieden und jeden Tag ca. 50 Minuten früher als am Vortag. Besorg dir bei der Touristeninformation eine Tabelle mit den genauen Uhrzeiten. Den Zettel kannst du hier einkleben. Oder du knipst zwei Fotos von derselben Stelle am Strand — einmal bei Ebbe und einmal bei Flut — und klebst die Fotos hier ein.

Doch warum merkt man an der Ostsee kaum etwas von Ebbe und Flut? Der Mond beeinflusst vor allem die großen Ozeane. Die Nordsee gehört zum Atlantischen Ozean. Deshalb sind Ebbe und Flut dort zu spüren. Die Ostsee und ihre Verbindung zur Nordsee sind zu klein, als dass sich dort der Einfluss des Mondes bemerkbar machen könnte. Wenn sich der Wasserstand der Ostsee ändert, liegt das vor allem am Wind.

So viel Sand!

Woher kommt eigentlich der ganze Sand am Strand? Sand entsteht, wenn Gesteine verwittern, zerfallen und durch Wasser und Wind zu immer kleineren Teilchen geschliffen werden.

Die Pflanzen auf den Dünen ...

... und die Buhnen am Strand halten den Sand fest.

Die Wellen spülen Sand vom Meeresboden an Land. Der Wind trocknet die Körner und weht sie vor sich her. Trifft der Sand auf ein Hindernis, setzt er sich ab. Mit der Zeit entstehen immer höhere Sandhügel oder Sandwälle, die Dünen. Wenn sie nicht befestigt werden, weht der Wind den Dünensand immer weiter, dann „wandern" die Dünen. Um das zu verhindern, werden sie bepflanzt.

Doch nicht nur Dünen, auch ganze Inseln und Küstenstreifen können wandern. Das liegt an Meeresströmungen, die den Sand mitnehmen. Damit das nicht passiert, werden Buhnen aus Beton oder Holz ins Meer gebaut.

Übrigens: Den trockenen, lockeren Boden der Dünen lieben Wildkaninchen.

Der Spülsaum

Jeden Tag spült das Meer nicht nur
Sand, sondern auch Treibgut an
den Strand. Am auffälligsten sind
losgerissene Pflanzen oder Holz,
aber auch Müll, verlorene Ladung
von Schiffen oder sogar Wrack-
teile. Am Spülsaum bleibt alles
liegen. Für Schatzsucher lohnt
sich besonders nach Stürmen
ein Ausflug an den Strand.

Was ist dein spannendster Fund? Hier kannst du ihn malen oder ein Foto
einkleben.

An manchen Stränden trocknen am Spülsaum lange Wälle aus
angeschwemmtem Seegras in der Sonne. Nimm eine Handvoll
davon hoch und schau genau hin. Bestimmt fallen viele kleine Flohkrebse
heraus. Sie hüpfen wild umher und vergraben sich dann schnell im Sand.
Die kleinen Tiere können erstaunlich weit springen. Versuch mal, eins zu
fangen und in deiner Lupendose genau anzuschauen.

Muscheln am Sandstrand

Bestimmt findest du am Strand leere Muschel-schalen. Jeweils zwei harte Schalenhälften gehören zusammen. Sie schützen den weichen Körper der Muschel. Mit einem Muskel kann das Tier die Schalenhälften fest verschließen. Am Strand entdeckst du meist nur einzelne Schalenhälften. Sie haben ganz unterschiedliche Formen. Hier sind einige Muscheln, die du am Sandstrand finden kannst, abgebildet.

Strahlenkörbchen oder Bunte Trogmuschel (6 cm groß)

Sägezähnchen oder Dreiecksmuschel (4 cm groß)

Rote Bohne oder Baltische Tellmuschel (3 cm groß)

Amerikanische Bohr-muschel (7 cm groß)

Tipp: Der Unterrand des Sägezähnchens ist innen fein gezähnt. Das kannst du leicht mit dem Finger überprüfen.

Muscheln filtern ihre Nahrung aus dem Wasser. Manche benutzen dafür einen Rüssel (Sipho). Die größten Feinde der Muscheln sind Vögel und Fische. Muscheln werden aber auch von Krebsen, Schnecken und Seesternen gefressen. Noch mehr Muscheln findest du auf Seite 29.

Rätsel für Muschel-Kenner

Auf dieser Seite siehst du Schalenhälften verschiedener Muscheln.
Verbinde die Schalenhälften, die zusammengehören, mit einem Blei-
stiftstrich und male sie in der gleichen Farbe an. Aber aufgepasst! Einige
Schalenhälften fehlen. Und es haben sich auch noch andere Fundstücke
vom Strand dazugeschmuggelt. Streiche durch, was keine Muschel ist.

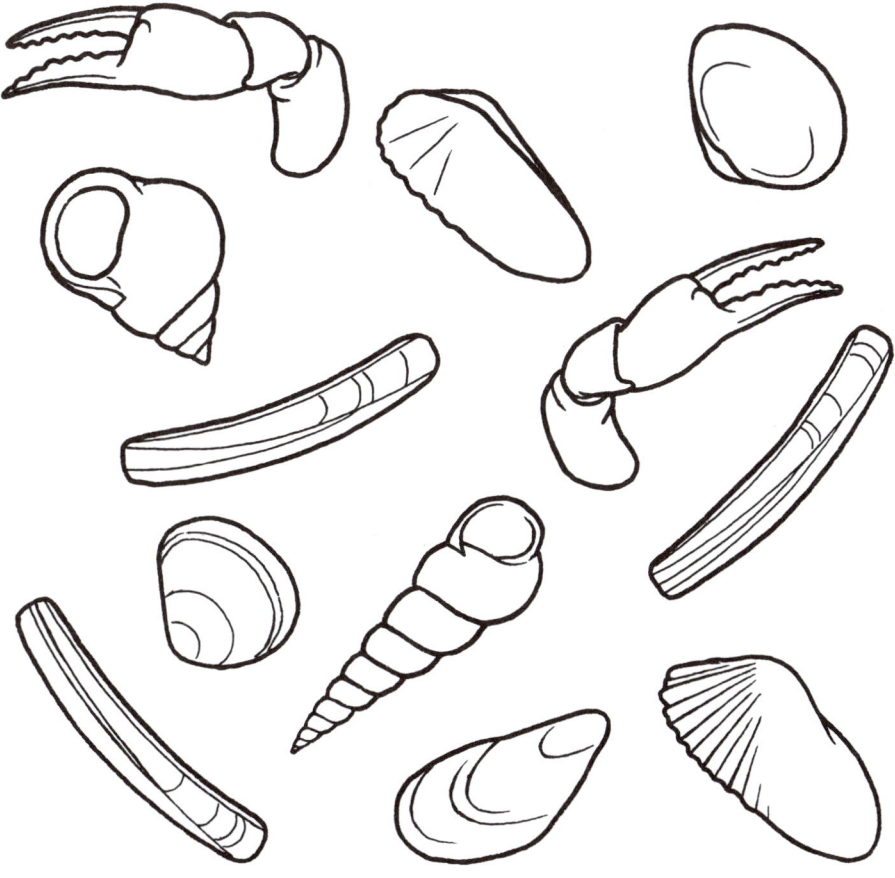

Die Lösung findest du auf Seite 59.

Meeresschnecken

Außer Muschelschalen findest du am Strand bestimmt auch leere Gehäuse von Meeresschnecken. Im Gegensatz zu den Muschelschalen bestehen Schneckengehäuse nur aus einem Teil. Hier siehst du einige aus der Nord- und Ostsee.

◀ Die **Strandschnecke** (3 cm) kann ihr Gehäuse mit einem Deckel verschließen und einige Zeit auf dem Trockenen überleben. Sie ernährt sich von Algen.

▶ Der **Pelikanfuß** (5 cm) lebt meist eingegraben im Sandboden und filtert Nahrung aus dem Wasser.

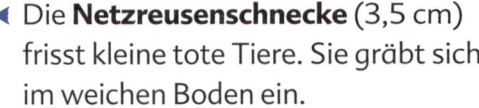

◀ Die **Netzreusenschnecke** (3,5 cm) frisst kleine tote Tiere. Sie gräbt sich im weichen Boden ein.

▶ Die **Turmschnecke** (6 cm) lebt ebenfalls eingegraben. Sie strudelt ihre Nahrung aus dem Wasser ein.

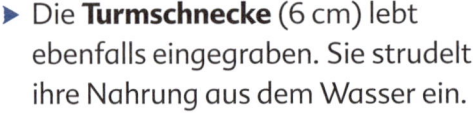

◀ Die **Nabelschnecke** (2 cm) lebt in bis zu 50 m Tiefe im Meer. Sie ernährt sich von Muscheln, die im Sand leben.

Übrigens: Muschelschalen mit einem Loch verraten, dass eine Schnecke sie mit ihrer scharfen Raspelzunge angebohrt hat, um den Inhalt zu verzehren.

Spuren im Sand

Besonders bei Ebbe kannst du viele Spuren im Sand entdecken. Kannst du die Spuren ihren Verursachern zuordnen?

Die Lösung findest du auf Seite 59.

Hier kannst du deine eigenen Spurenfunde aufzeichnen.

Fundort

Datum

Wer war's?

Fundort

Datum

Wer war's?

Fundort

Datum

Wer war's?

Geheimnisvolle Funde

Im Meer leben viele Tiere, die man nie zu Gesicht bekommt. Aber mit etwas Glück entdeckst du ihre Spuren am Strand. Kreuze an, was du schon gefunden oder in einem Meerwasser-Aquarium gesehen hast.

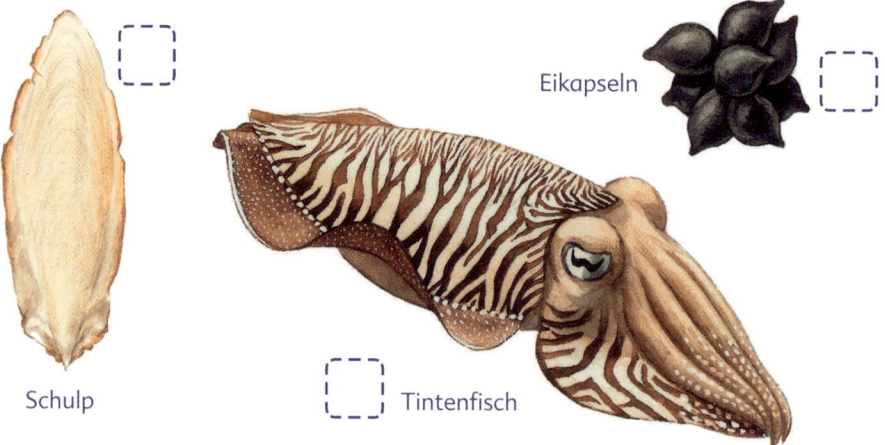

Eikapseln

Schulp

Tintenfisch

Die weißen Kalkschalen werden Schulp genannt und stammen von toten Sepien, das sind Tintenfische. Der Schulp war das Rückenskelett eines Tieres. Sepien besitzen zehn Fangarme und schützen sich vor Feinden, indem sie zur Tarnung ihre Farbe blitzschnell ändern. Manchmal findest du auch die schwarzen Eikapseln des Tintenfisches. Sie haften an Pflanzen, die an den Strand gespült worden sind.

Mit etwas Glück kannst du auch eine weiße, kugelige, sehr zerbrechliche Schale am Strand finden. Sie stammt von einem Herzseeigel. Diese Seeigel-Art lebt im Gegensatz zu anderen Seeigeln eingegraben im Sandboden.

Schale eines Herzseeigels

Ein bemerkenswerter Fund sind neben den Gehäusen auch die faustgroßen Ballen aus leeren Eikapseln der Wellhornschnecke. Sie setzt ihre Gelege an Steinen am Meeresboden ab. Die Kapseln, die am Strand liegen, wurden losgerissen. Die Meeresschnecke selbst lebt nicht am Sandstrand, sondern im tieferen Wasser der Nordsee.

Gehäuse einer Wellhornschnecke

Eikapseln der Wellhornschnecke

Zwischen angespülten Algen findest du manchmal dunkle harte „Nixentäschchen". Das sind leere Eikapseln vom Katzenhai oder Nagelrochen. Die Eikapseln der Nagelrochen sind bis zu 9 cm lang und haben lang gezogene Spitzen. Katzenhai-Eikapseln sind etwa 6 cm lang und besitzen gekräuselte Fäden an den Ecken. Damit befestigen die Tiere ihre Eier im Algenwald.

Katzenhai

Leere Eikapsel des Nagelrochens

Nagelrochen

Leere Eikapsel des Katzenhais

Tipp: Zum Aufbewahren deiner Fundstücke kannst du ein schönes Glasgefäß mit etwas trockenem weißem Strandsand füllen. Wasche Muschelschalen und Schneckengehäuse gründlich ab, trockne sie und lege deine schönsten Stücke in den Sand.

Möwen am Strand und in den Dünen

Möwen sind die bekanntesten Vögel am Meer. Sie sind ausgezeichnete Flieger und können sogar im Flug anderen Vögeln die Beute abjagen. Am Strand suchen sie nach angeschwemmten Krabben, Muscheln und Seesternen. Sie räubern aber auch die Nester anderer Vögel aus und fangen Fische. Es gibt viele verschiedene Möwenarten.

◄ **Mantelmöwe**
Größe: 68 cm (größer als die Silbermöwe)
Rücken und Flügel: schieferschwarz
Schnabel: gelb mit rotem Punkt
Beine: fleischfarben

▶ **Silbermöwe**
Größe: 56 cm
Rücken und Flügel: silbergrau
Schnabel: gelb mit rotem Punkt
Beine: fleischfarben

◄ **Heringsmöwe**
Größe: 53 cm (kleiner als die Silbermöwe)
Rücken und Flügel: schieferschwarz bis dunkelgrau
Schnabel: gelb mit rotem Punkt
Beine: gelb

▶ **Lachmöwe**
Größe: 37 cm (unsere kleinste Möwe)
Rücken und Flügel: grau
Schnabel: rot
Beine: rot

Strandbrüter

Unter den Vögeln, die am Strand brüten, gibt es einige, deren gesprenkelte Eier so gut getarnt zwischen Muscheln, Kieseln und Holz liegen, dass sie selbst aus nächster Nähe kaum zu erkennen sind.

◀ **Küstenseeschwalben** haben auffallend kurze Beine. Bei der Nahrungssuche stürzen sie sich aus dem Flug heraus kopfüber ins Wasser und kommen mit ihrer Beute, etwa einem kleinen Fisch, wieder an die Oberfläche. Küstenseeschwalben verbringen den Winter in der Antarktis.

▶ Wenn du in der Brutzeit **Sandregenpfeifer** bemerkst, solltest du dich sofort zurückziehen, um nicht aus Versehen auf ihre Eier oder Küken zu treten. Bei Gefahr versuchen die Altvögel, den Feind vom Nest wegzulocken, indem sie einen gebrochenen Flügel vortäuschen.

◀ Der **Sanderling** ist ein kleiner Strandläufer und meist gemeinsam mit Artgenossen unterwegs. Wie aufgezogen rennt er an der Wasserlinie entlang und weicht den Wellen aus. Krebstiere und Würmer findet der Sanderling direkt hinter dem abfließenden Wasser oder indem er mit dem Schnabel im feuchten Sand stochert.

Zähe Pflanzen in den Dünen

Pflanzen haben es am Strand nicht leicht. Sie müssen Wind und Flugsand aushalten, Salz vertragen und im lockeren, trockenen Sandboden Halt finden. Die meisten Pflanzen wachsen nicht sehr hoch, manche sind besonders biegsam, andere hart und dornig.

Der **Strandhafer** ist die wichtigste Pflanze in den Dünen, denn er fängt den Sand mit seinen Blättern ein und hält ihn mit seinen Wurzeln fest. Der Strandhafer wächst mit der größer werdenden Düne und bildet schnell neue Blätter, wenn er vom Flugsand zugeweht wird.

Auf älteren Dünen, wo der Sand fest ist und sich bereits Erde bildet, verschwindet der Strandhafer, und niedrige Gräser nehmen seinen Platz ein. Später kommen Sträucher dazu, die die Dünenlandschaft weiter festigen.

◄ Imker bringen ihre Bienen auf die Inseln, um den leckeren Honig der **Besenheide** zu bekommen.

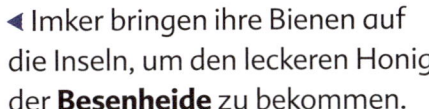

► **Silbergras** hat silbrige Blüten-stände und wächst in dichten Büscheln.

◄ **Stranddisteln** sind besonders geschützt. Sie dürfen nicht ge-pflückt werden!

► Die glänzend schwarzen Früchte der **Krähenbeere** werden gern von Vögeln gefressen und durch sie verbreitet.

◄ Die **Bibernell-Rose** zeigt von Mai bis Juni sehr große weiße Blüten. Ihre Früchte, die Hagebutten, sind schwarz.

► Im Oktober reifen die orange-roten Beeren des **Sanddorns**, die gern zu Saft oder Gelee verarbei-tet werden.

Sonne, Strand und Meer

Male das Bild aus und klebe die passenden Sticker hinein.

Was ist das Watt?

An der Nordseeküste, zwischen den Inseln und dem Festland, erstreckt sich das Wattenmeer. Dort kannst du den Unterschied zwischen Ebbe und Flut besonders deutlich erkennen. Denn das Watt ist so flach, dass es bei Ebbe trockenfällt. Dann kannst du mit einem erfahrenen Wattführer eine Wattwanderung unternehmen. Stell dir vor: Dann läufst du direkt auf dem Meeresboden!

Weit draußen im Watt kannst du kleine Hügel entdecken, die Halligen. Bei einer Sturmflut werden sie überflutet. Nur die Häuser, die auf künstlichen Erdhügeln errichtet sind, ragen dann noch aus dem Meer heraus.

Der Boden im Watt ist ganz unterschiedlich. Im **Schlickwatt** sinkst du leicht ein. Schlick findest du dort, wo wenig Strömung herrscht. Die dunkelgraue Farbe verrät, dass wenig Sauerstoff im Boden ist.

Im **Sandwatt** ist der Sand durch die Strömung ständig in Bewegung. Der Boden ist fest und du kannst gut darauf laufen. Die dunkelgraue, sauerstoffarme Schicht beginnt erst in 5 bis 8 cm Tiefe.

Würmer im Untergrund

Im Watt leben viele Tiere dauerhaft eingegraben im weichen Boden. Bei Ebbe kannst du ihre Spuren finden. Kreuze an, was du schon entdeckt hast.

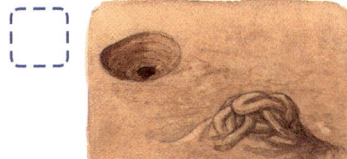

◄ Der **Wattwurm** gräbt eine u-förmige Röhre in den Boden. Die beiden Enden der Röhre kannst du an der Oberfläche erkennen: einen Trichter und ein Sandhäufchen. Der Wurm frisst den Sand, filtert die Nährstoffe heraus und scheidet den Rest wieder aus.

► Der **Seeringelwurm** hat sehr viele Paddelfüße. Er lebt in Wohnröhren und besitzt Kieferzangen, mit denen er winzige Watttiere fängt. An der Boden-oberfläche erzeugt er sternförmige Kriechspuren.

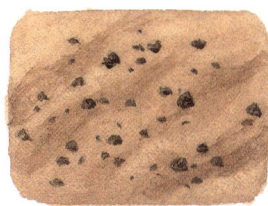

◄ Der **Kotpillenwurm** lebt in einem verzweigten Gangsystem. Auch er frisst Sand. Den Rest scheidet er am Ausgang der Röhre als winzige schwarze Kotpillen aus. Wo sehr viele Kotpillen liegen, ist der Boden besonders weich, und man kann leicht einsinken!

► Die **Seemaus** ist ein bis zu 20 cm großer, filzig behaarter Ringelwurm mit schillernden Borsten. Die braucht die Seemaus, um sich vorwärtszubewegen. Sie lebt dicht unter der Wasseroberfläche und ernährt sich von Weichtieren, Würmern und toten Tieren.

Kleine und große Krebse

In den Prielen (das sind die Rinnen, durch die das Wasser abläuft) bleibt auch bei Ebbe meist noch Wasser. Bis die Flut wieder einsetzt, ziehen sich viele Wassertiere dorthin zurück, um nicht auszutrocknen und vor Feinden sicher zu sein.

▶ Die **Strandgarnelen** sammeln sich in den Prielen und graben sich dort im Sand ein. Hältst du deine Füße ganz ruhig ins Wasser, knabbern sie daran. Bei Gefahr können sie mithilfe ihres Schwanzfächers schnell flüchten.

◀ **Einsiedlerkrebse** wohnen in leeren Schnecken-häusern, um ihren weichen Hinterleib zu schützen. Wenn sie wachsen, müssen sie in ein größeres Gehäuse umziehen. Werden sie bedroht, ziehen sie sich in das Gehäuse zurück und verschließen es.

▶ Viele winzige **Schlickkrebse** erzeugen ein Knistern im Watt. Das entsteht, wenn ein Wassertröpfchen zwischen ihren gespreizten Fühlern zerplatzt. Wenn du ganz leise bist, kannst du es hören.

◀ **Strandkrabben** packen ihre Beutetiere, etwa Fische, Muscheln und Schnecken, mit ihren kräftigen Scheren. Bei Ebbe müssen sich Strandkrabben schnell ein-graben oder verstecken, sonst werden sie von Möwen gefressen.

Muscheln im Watt

Im Watt leben viele Muscheln ständig eingegraben im Schlickboden.

▶ Die **Sandklaffmuschel** ist die größte Muschelart im Watt. Wird sie freigespült, kann sie sich nicht wieder eingraben. Im Wattboden erkennst du nur kleine Löcher. Wenn du an solchen Stellen hüpfst, zieht die Muschel ihren Rüssel zurück und spritzt dabei Wasser in kleinen Fontänen aus den Atemlöchern.

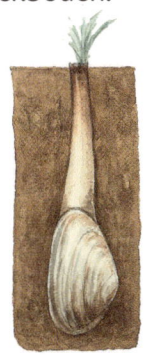

◀ Die **Herzmuschel** ist die häufigste Muschelart im Wattenmeer. Von der Seite betrachtet, sehen die beiden Schalenhälften zusammen herzförmig aus. Hast du eine lebende Herzmuschel ausgegraben, schau zu, wie sie sich schnell wieder eingräbt.

▶ Die **Pfeffermuschel** erzeugt bei der Nahrungsaufnahme mit ihren zwei ausgefahrenen Siphonen sternförmige Muster auf dem Wattboden. Halte Ausschau danach.

▼ Die langen, schmalen **Schwertmuscheln** leben senkrecht eingegraben dicht unter der Oberfläche.

Fischen auf der Spur

Im Watt gibt es das ganze Jahr über kleine Fische, die dicht am Meeresboden leben. Die meisten ernähren sich von Krebstieren, Würmern und kleineren Fischen. Bei Ebbe sammeln sie sich in den Prielen. Versuche, sie vom Rand aus zu entdecken.

▶ Der **Seeskorpion** ist ein stacheliger Raubfisch. Er versteckt sich gern zwischen Steinen und Algen. Seine Stacheln schützen ihn vor Feinden.

◀ Die **Aalmutter** hat einen lang gestreckten, nach hinten spitz zulaufenden Körper. Die Weibchen legen keine Eier, sondern bringen Junge zur Welt, die wie kleine Aale aussehen.

▶ Die **Strandgrundel** gehört zu den kleinsten Fischen und ist im Schwarm gut gegen Feinde geschützt. Ihre Hauptnahrung besteht aus winzigen Krebsen und Würmern.

◀ Die kleinen **Sandaale** (Tobiasfische) leben in großen Schwärmen und haben viele Feinde — vor allem Seevögel während der Brutzeit. Bei Ebbe und wenn Gefahr droht, vergraben sie sich im Sand.

Zahlreiche Fische nutzen das Wattenmeer im Sommer als Kinderstube. Sie heften ihre Eier an Steine, Seetang oder Seegras, damit sie nicht mit der Strömung davontreiben. Anschließend verlassen sie das Wattenmeer wieder. Im Herbst wandern die Jungfische ebenfalls in die offene See.

Scholle
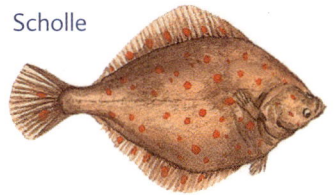

Flunder
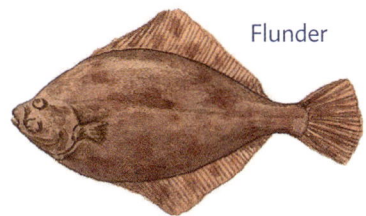

▲ **Plattfische** können sich praktisch unsichtbar machen. Dazu passen sie ihre Färbung der Umgebung an oder graben sich im Sand ein, bis nur noch die Augen herausschauen. Schollen legen sich auf die linke Seite und das linke Auge wandert auf die rechte Körperseite. Bei den Flundern ist es andersherum.

▲ **Heringe** sind Schwarmfisch. Weil sie so glänzen, werden sie auch „Silber des Meeres" genannt. Ihre größten Feinde sind die Seeschwalben.

Tipp: Versuche, eine Babyscholle in einem Priel zu entdecken — gar nicht so einfach!

◄ **Hornhechte** sind sehr schlanke Schwarmfische mit einem hornartigen Schnabel. Auf der Flucht springen Hornhechte weit aus dem Wasser.

Die Salzwiese

Salzwiesen entstehen am Übergang zwischen Meer und Land und werden immer wieder überflutet.

Während Salz für die meisten Pflanzen tödlich ist, macht das salzige Meerwasser dem **Queller** nichts aus. Er ist die erste Pflanze, die im Schlickboden wächst und dafür sorgt, dass sich mehr und mehr Sand absetzen kann.

Queller

Steigt der Wattboden an, können sich auch Pflanzen ansiedeln, die weniger Salz vertragen. Hier siehst du einige typische Pflanzen der unteren Salzwiese, die weniger oft überflutet wird.

Strandflieder   Strandaster

Die obere Salzwiese wird selten vom Meerwasser erreicht. Hier wachsen:

Strand-Milchkraut   Tausendgüldenkraut   Strandnelke   Rotschwingel

Wichtig: Die Pflanzen auf einer Salzwiese niemals pflücken! Salzwiesen stehen unter Naturschutz. Bleib immer auf den zugelassenen Wegen! Übrigens: Während einer Sturmflut versinken die Salzwiesen oft ganz im Meer — eine Katastrophe für am Boden brütende Vögel.

Sticker für dieses Buch

Seite 24 und 25

Möwen

Strandmuschel

Strandhafer

Strandläufer

Strandkorb

Seite 36 und 37

Brandgans

Austernfischer

Sticker für Hefte, Briefe & Co.

Nagelrochen

Seeampfer

Seestern

Einsiedlerkrebs

Strandseeigel

Hering

Flunder

Scholle

Katzenhai

Tintenfisch

Schweinswal

Strandnelke

Bibernell-Rose

Feuerqualle

Blumenkohlqualle

Sticker für Hefte, Briefe & Co.

Lachmöwe

Silbermöwe

Heringsmöwe

Heuler

Kegelrobbe

Seehund

Turmschnecke

Herzmuschel

Strandschnecke

Netzreusenschnecke

Rote Bohne

Strahlenkörbchen

Dreiecksmuschel

Knutts

Strandkrabbe

Möwenschwarm

Seite 48 und 49

Trottellummen

Tordalk

Dreizehenmöwe

Eissturmvogel

Basstölpel

Brutvögel

Die Salzwiesen sind wichtige Rast- und Brutplätze für zahlreiche Vogelarten. Hier finden die Vögel genug Deckung für ihre Nester und genügend Futter. Auch zum Schutz der Vögel wurde das Wattenmeer zum Nationalpark erklärt.

◄ **Brandgänse** ruhen bei Flut in den Salzwiesen oder auf Sandbänken. Bei Ebbe suchen sie im Watt nach Herzmuscheln. Im Spätsommer sammeln sich gut 200 000 Brandgänse im Watt nahe der Elbmündung zum Federwechsel (Mauser). Brandgänse brüten in Erdhöhlen, zum Beispiel von Kaninchen.

▶ Viele Watvögel wie dieser **Austernfischer** errichten in den Salzwiesen ihre Nester am Boden. Mit ihren Spezialschnäbeln stochern sie im Boden nach Nahrung. **Austernfischer**, **Rotschenkel** und **Säbelschnäbler** sind die bekanntesten Watvögel.

◄ Der **Löffler** zählt zu den selteneren Vögeln im Wattenmeer. Du erkennst ihn sofort an seinem löffelartigen schwarzen Schnabel mit der orangefarbenen Spitze. In der Brutzeit haben Löffler lange Haubenfedern am Kopf, die sie bei Erregung aufstellen.

Zugvögel

Über 10 Millionen Zugvögel rasten jedes Jahr im Frühling und im Herbst mehrere Wochen lang im Wattenmeer. Dort sammeln sie neue Kräfte für den Weiterflug in ihre Brutgebiete im Norden oder die Winterquartiere im Süden.

▲ **Ringelgänse** sind Wintergäste im Wattenmeer. Sie sind an ihrem schwarzen Kopf und dem weißen Streifen an ihrem schwarzen Hals zu erkennen. Ringelgänse fressen Queller und Seegras, aber auch Grünalgen und Gräser. Wenn sie gestört werden, rufen sie laut: „Rott-rott-rott!", und werden deshalb auch Rottgänse genannt.

▶ Besonders von April bis Mai und von August bis September lassen sich viele Vogelschwärme beobachten, zum Beispiel die **Knutts**. Sie sind Langstreckenzieher: Nachdem sie in Nordsibirien gebrütet haben, überwintern sie an der Westküste Afrikas. Das Wattenmeer ist für sie ein wichtiger Rastplatz.

Riesige Vogelschwärme fliegen wunderbare Formationen über dem Wattenmeer. In der Höhe bilden sie dichte Wolken. Wenn alle Vögel zugleich ihre Flugrichtung ändern, verändert sich die Farbe der Wolke schlagartig.

In bestimmten Küstenabschnitten werden die Vögel regelmäßig gezählt. Wie macht man das? Vogelschwärme werden gezählt, indem man eine bestimmte Anzahl von Tieren abzählt und dann abschätzt, wie viele solcher Gruppen insgesamt da sind. Gar nicht so einfach!

Geschätzte
Anzahl:

Genaue
Anzahl:

Versuche einmal selbst, Tiere zu zählen. Fang mit den Schafen auf dem Deich an. Zuerst schätzt du die Anzahl der Tiere und notierst die Zahl. Dann zählst du alle Tiere genau ab. Mal sehen, wie gut du schätzen kannst!

Im Watt ist was los!

Male das Bild aus und klebe die passenden Sticker hinein!

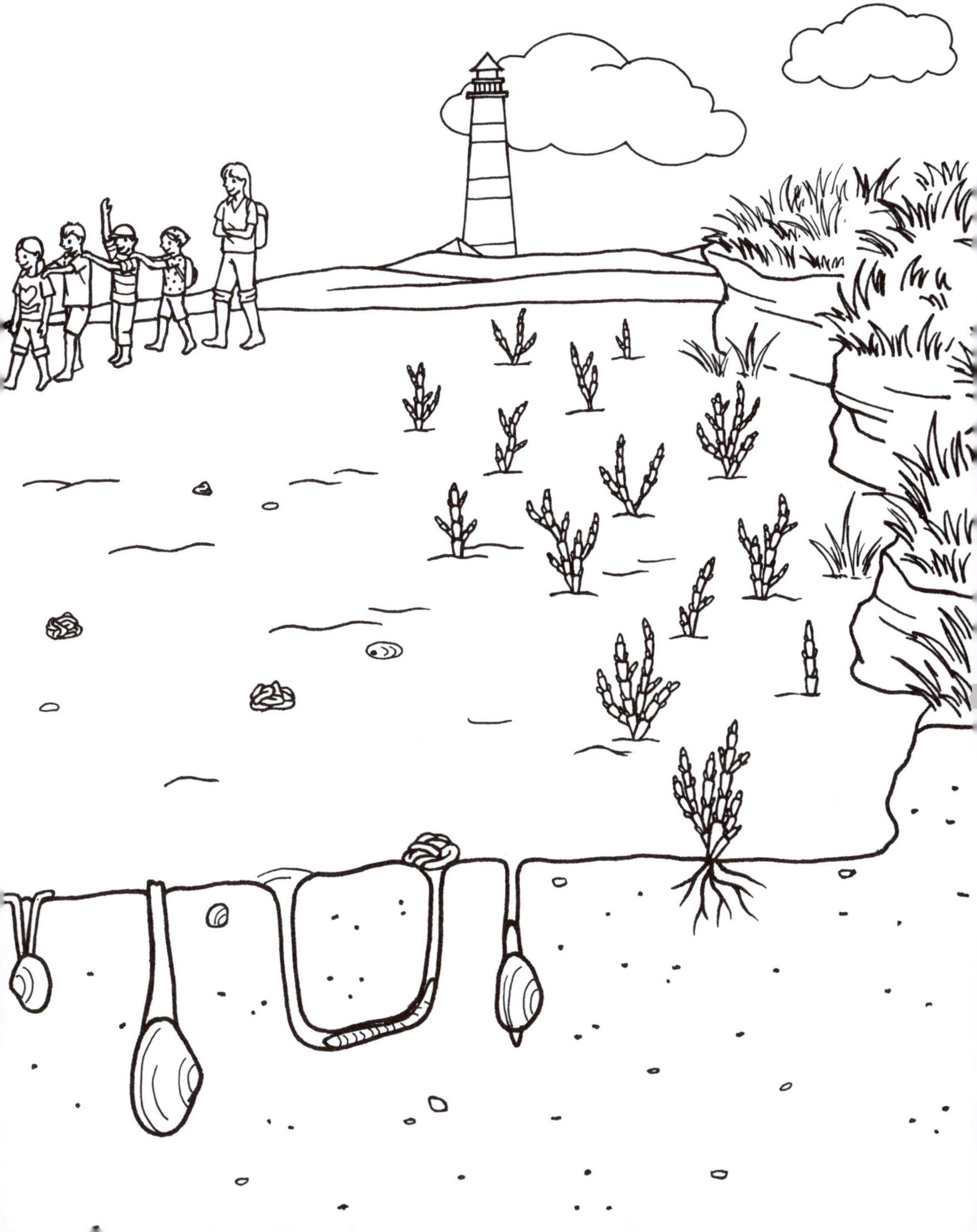

Die Felsküste

Außer den flachen Küsten mit Sandstränden und dem Watt gibt es auch Steilküsten mit Geröll und Kiesstränden.

Die Brandung höhlt die steilen Felswände nach und nach aus. Irgendwann wird der Überhang zu schwer und rutscht ab. Das Geröll bleibt im Wasser am Fuß des Felsens liegen und wird durch die Brandung nach und nach abgetragen. Unter Wasser wird der Fels weniger beansprucht. Dort bleiben Felsplatten erhalten, die bei Ebbe teilweise trockenfallen.

Es ist gefährlich, sich auf dem schmalen Streifen zwischen dem Wasser und der steilen Felswand aufzuhalten. Fossiliensammler, die dort nach Schätzen suchen, tragen Helme und achten genau auf die Uhrzeit, um nicht von der Flut überrascht zu werden.

Gezeitentümpel

An der Felsküste ziehen sich Meerestiere, die es nicht rechtzeitig schaffen, ins tiefere Wasser zu gelangen, in sogenannte Gezeitentümpel zurück. Das sind Vertiefungen in den Felsplatten, in denen auch bei Ebbe noch Meerwasser stehen bleibt. In diesen kleinen Tümpeln kannst du Tiere beobachten, die du sonst nie zu Gesicht bekommst.

Seestern
von oben

Seestern
von unten

▲ Mit etwas Glück entdeckst du lebende **Seesterne**. Sie gehören zu den Stachelhäutern und haben meist fünf Arme. Seesterne fressen am liebsten Miesmuscheln. Um an die Tiere heranzukommen, stülpen sie sich über eine Muschel und ziehen mit ihren Armen so lange an den Schalen, bis die Muschel aufgibt und sich leicht öffnen lässt.

◀ **Strandseeigel** leben bis in 100 m Tiefe vor allem auf hartem Untergrund. Ihre Stacheln sitzen auf beweglichen kleinen Höckern. Seeigel ernähren sich hauptsächlich von Algen. Die Stacheln schützen sie vor Feinden, zum Beispiel Seesternen, Schnecken und Fischen.

Auf hartem Untergrund

Hier siehst du einige Muscheln, Schnecken und Krebse, die in der Gezeitenzone leben und sich an hartem Untergrund festhalten. Ihnen macht es nichts aus, nur bei Flut im Wasser zu sein und bei Ebbe trockenzufallen. Sie können ihre Gehäuse fest verschließen und im Innern Wasser zurückhalten. Kreuze an, was du gefunden hast.

◄ Das Gehäuse der **Napfschnecke** ist wie ein Hütchen geformt. Bei Flut gehen Napfschnecken auf Nahrungssuche und kriechen umher. Mit ihrer Raspelzunge weiden sie den Algenbewuchs des Felsens ab, auf dem sie leben. Mit der Ebbe kehren sie an ihren Stammplatz zurück. Versuche, eine Napfschnecke ohne Hilfsmittel vom Untergrund zu lösen. Du wirst staunen, welche Kraft in ihrem Saugfuß steckt.

▶ **Austern** sind Muscheln mit zwei unterschiedlichen Schalenhälften. Die eine ist flach (mit ihr sind die Austern am Untergrund festgewachsen), die andere Schalenhälfte ist gewölbt.

◄ **Miesmuscheln** heften sich mit Fäden an den Untergrund, zum Beispiel an einen Felsblock, einen Holzpfahl oder auch an Muschelschalen. Sehr viele Miesmuscheln, die sich gegenseitig mit ihren Byssusfäden festhalten, bilden „Muschelbänke". Ihre Nahrung filtern die Muscheln aus dem Meerwasser.

▼ **Seepocken** sitzen in kleinen Kalkkratern an Felsen, Holzpfählen, Muschelschalen, Schiffen oder sogar auf Walen fest. Die Gehäuse schützen die kleinen Krebse gegen Austrocknung und Fressfeinde. Bei Flut strecken sie ihre Fangarme nach Nahrung aus. Bei Ebbe verschließen die Tiere ihr Gehäuse ganz fest mit einem Deckel, der klickert, wenn eine Welle die Pocken überspült.

Tipp: Gieße bei Ebbe einen Eimer mit Meerwasser vorsichtig über eine Gruppe von Seepocken. Hör genau hin, ob es klickert!

▶ **Pantoffelschnecken** ernähren sich von Plankton, das sie aus dem Meerwasser filtern. Oft sieht man ganze Türme von mehreren Schnecken, die aufeinandersitzen. Pantoffelschnecken sind zu Beginn ihres Lebens männlich und wandeln sich später in Weibchen um. Die Schalen der Pantoffelschnecken sehen von unten tatsächlich wie kleine Pantoffeln aus.

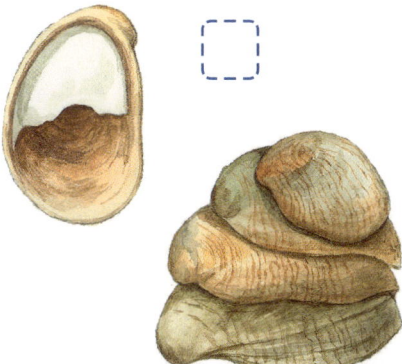

Kiesel am Strand

Gesteine entstehen auf ganz unterschiedliche Weise. Daher findest du am Strand Kiesel mit verschiedenen Formen, Farben und Mustern. Besonders schön glänzen sie, wenn sie noch feucht sind.

① Wenn sich an der Erdoberfläche (meist am Boden von Gewässern) unterschiedliches Material, etwa Sand oder die Kalkschalen von Meerestieren, in Schichten ablagert und verfestigt, entstehen **Ablagerungsgesteine** (Sedimentgesteine).

② Wenn sich in der Erde unter hohem Druck und extremer Hitze aus verschiedenen Gesteinsarten neue Gesteine bilden, nennt man sie **Umwandlungsgesteine**.

③ Wenn heißes, geschmolzenes Gestein aus dem Erdinneren abkühlt und erstarrt, bilden sich **Erstarrungsgesteine**. Das Erstarren kann tief in der Erde geschehen oder bei einem Vulkanausbruch an der Erdoberfläche.

Manchmal entstehen Risse im Gestein. Anderes Material, zum Beispiel Mineralien, kann die Risse füllen. So entstehen Streifen und Bänder.

Meine Steinsammlung

Diese Kiesel habe ich gefunden:

⬚ ganz weißer Kiesel	⬚ Kiesel mit „Adern"
⬚ ganz schwarzer Kiesel	⬚ Kiesel mit Falten
⬚ ganz roter Kiesel	⬚ Kiesel mit Punkten
⬚ etwas durchscheinender Kiesel	⬚ Kiesel mit Streifen

Mein höchster Kieselturm
Sammle möglichst viele große flache Kiesel und bau daraus einen Turm. Wie hoch ist er? Wie viele Kiesel hast du gestapelt? Hier kannst du ein Foto einkleben oder ein Bild deines Turms malen.

Meine schönste Kieselschlange
Aus Kieseln mit einer Ader kannst du — wie auf dem Foto — eine Schlange legen. Aus wie vielen Kieseln besteht deine Schlange? Klebe hier dein Foto hin oder male deine Schlange.

Besondere Steine

Nach einem Sturm sind viele Schatzsucher am Strand und suchen nach Bernstein, versteinertem Baumharz. Mit den folgenden Tests kannst du herausfinden, ob ein gelbbraunes Klümpchen wirklich echter Bernstein ist.

Ritz-Test:
Kannst du mit einer Stecknadel eine Furche in deinen Fund ritzen?

☐ Ja -> Bernstein!   ☐ Nein -> kein Bernstein!

Klopf-Test:
Klopfe mit deinem Fund vorsichtig (!) gegen deine Schneidezähne. Wie klingt das?

☐ Dumpf -> Bernstein!   ☐ Hell, hart -> kein Bernstein!

Salzwasser-Test:
Fülle ein Glas mit warmem Wasser, gib so viel Salz dazu, bis es sich nicht mehr auflöst, und lege dein Fundstück hinein. Was macht es?

☐ Es schwimmt -> Bernstein!   ☐ Es geht unter -> kein Bernstein!

Riech-Test:
Nur gemeinsam mit einem Erwachsenen durchführen und einen Topflappen benutzen! Erhitze eine Nadel über einer Kerze und halte die heiße Spitze vorsichtig an deinen Fund. Was passiert?

☐ Rauch steigt auf und es duftet nach Harz (Wald) -> Bernstein!

☐ Es passiert gar nichts -> kein Bernstein!

◄ **Meerglas** ist altes Glas von Flaschen und Gläsern, die von Schiffen oder vom Strand aus ins Meer gelangt sind. Wellen und Sand haben die Scherben bearbeitet.

▶ **Donnerkeile** werden auch „Teufelsfinger" genannt. Es sind versteinerte Schalenspitzen von Kopffüßern (Belemniten), die längst ausgestorben sind.

◄ Vielleicht findest du auch **versteinerte Seeigel**. Du kannst die Abdrücke der fünfteiligen Seeigelschale und die Stellen erkennen, an denen die Stacheln saßen.

▶ **Feuersteine** sind versteinerte Algenreste. Es gibt viele seltsame Formen. Manche Feuersteine haben Löcher. Ein weißer Überzug verrät, dass sie im Kreidegestein eingebettet waren.

Hast du einen seltsam geformten Feuerstein gefunden? Welche Figur siehst du darin? Zeichne sie hier auf.

So sieht mein Stein aus:

Diese Figur sehe ich darin:

Vögel an Felsküsten

Seevögel verbringen den größten Teil des Jahres auf dem offenen Meer. Im Frühjahr kommen sie zum Brüten an Land. Bekannt sind die Vogelfelsen der Insel Helgoland, an denen sich jedes Jahr Zehntausende von Seevögeln einfinden.

◀ Der **Dreizehenmöwe** fehlt die Hinterzehe, daher stammt ihr Name. Die Jungen der Dreizehenmöwe bleiben im Nest, bis sie fliegen können.

▶ Der **Basstölpel** ist der größte Seevogel des Nordatlantiks. Seine Nahrung erbeutet er, indem er sich kopfüber ins Wasser stürzt.

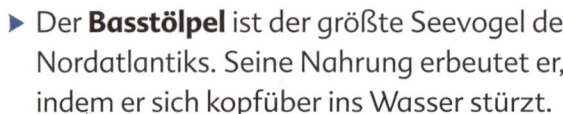

◀ Der **Eissturmvogel** hat oben auf dem Schnabel zwei Nasenöffnungen, durch die er Meersalz ausscheiden kann. Am Brutplatz bespuckt der Eissturmvogel seine Feinde mit einem gelben Magenöl.

▶ Den **Tordalk** erkennst du am weißen Strich auf seinem Schnabel. Von seinen Tauchgängen im Meer bringt er gleich mehrere Fische mit.

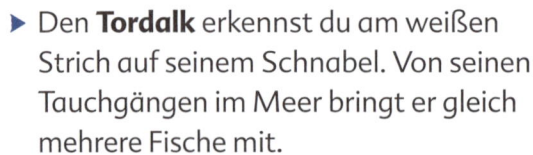

Die Trottellumme

Trottellummen sind nicht nur in der Farbe des Gefieders und der aufrechten Körperhaltung Pinguinen sehr ähnlich. Sie sind ebenfalls gute Taucher bei der Jagd nach Fischen. Wie alle Hochseevögel besitzen sie Füße mit Schwimmhäuten.

Die Eier der Trottellummen sind birnenförmig, damit sie im Kreis rollen und so nicht vom schmalen Felsvorsprung hinunterfallen. Jede Trottellumme kann ihr Ei von denen der Nachbarn am Brutfelsen unterscheiden. Denn sie sind alle ganz unterschiedlich gefärbt.

Nach dem Schlüpfen bleiben die Küken dicht am Felsen hocken und werden von den Eltern mit Fischen versorgt. Nach etwa drei Wochen wagen sie, ohne fliegen zu können, in der Dämmerung den Sprung vom Felsen ins Meer. Dieses Ereignis heißt Lummensprung. Die kleinen Lummen kehren danach nicht mehr an Land zurück, werden aber auf dem Wasser weiter von den Eltern versorgt.

Ordnung auf dem Vogelfelsen

Obwohl es so aussieht, als herrsche am Vogelfelsen ein heilloses Durcheinander, gibt es doch eine gewisse Ordnung. Jede Vogelart bevorzugt bestimmte Plätze zum Brüten und wählt unterschiedliche Stockwerke am Felsen. Hier siehst du einen Vogelfelsen. Lies, wo welcher Vogel am liebsten brütet, und klebe die Vogelsticker an die passenden Stellen. Wenn du Lust hast, kannst du das Bild anschließend noch ausmalen.

▶ **Eissturmvögel** brüten weit oben auf Felsvorsprüngen in kleinen Mulden, die manchmal mit Gras ausgepolstert werden. Sie legen nur ein Ei.

▶ **Tordalken** brüten etwas tiefer in überdachten Nischen und Spalten und meist am Rand der Trottellummen-Kolonie. Sie legen nur ein ovales Ei.

▶ **Trottellummen** besetzen die mittleren Etagen. Sie bauen keine Nester. Das einzige Ei wird ohne jede Unterlage auf dem nackten Fels oder auf den Füßen abgelegt.

▶ **Dreizehenmöwen** bauen ihre napfförmigen Nester aus Schlamm und Tang auf Felsvorsprüngen. Meist legen sie zwei Eier.

▶ **Basstölpel** brauchen viel Platz zum Brüten. Man findet sie auf vorstehenden Felsnasen. In den Nestern werden häufig Seetang und Plastikabfälle verbaut. Meist legen sie ein Ei, manchmal auch zwei.

Mit dem Schiff hinaus aufs Meer

Es lohnt sich, mit einem Schiff hinaus aufs Meer zu fahren und die Küste von dort aus zu betrachten. Außerdem kannst du dort noch andere Dinge sehen als am Strand oder im Watt.

Hier kannst du alles eintragen oder malen, was du an Besonderheiten bei einem Ausflug mit dem Schiff entdeckt hast. Vielleicht bekommst du bei deiner Seereise auch eine Rückenflosse zu sehen, die kurz aus dem Wasser guckt. Wem mag sie wohl gehören?

Schweinswale

Ein großes Säugetier, das in der Nord- und Ostsee lebt, ist der Schweinswal. Meist bekommst du nur die Rückenflosse zu sehen, wenn die Tiere zum Luftholen kurz an die Oberfläche kommen. Gewöhnlich geschieht das etwa viermal pro Minute. Die Wale können bis zu 80 m tief tauchen und bis zu sechs Minuten unter Wasser bleiben. Aus dem Wasser springen Schweinswale fast nie.

Schweinswale ernähren sich hauptsächlich von Fisch. Zur Orientierung und bei der Jagd im trüben Meerwasser nutzen Schweinswale einen speziellen Trick: Sie stoßen kurze Klick-Laute aus. An den zurückkehrenden Schallwellen erkennen sie Hindernisse und Beute. Schweinswale werden bis zu 1,80 m lang und 80 kg schwer. Im Mai und Juni kommen die Jungen im Wasser zur Welt — mit der Schwanzflosse voran.

Seehunde und Kegelrobben

Robben leben im Meer und gehen dort auf die Jagd nach Fischen. Auf Sandbänken und an abgelegenen Stränden ruhen sie sich aus und bringen ihre Jungen zur Welt. In einigen Küstenorten werden Schiffsfahrten zu den Robbenbänken angeboten. Von Bord aus kannst du die Robben mit einem Fernglas gut beobachten, ohne sie zu stören.

Zu den Robben zählen Seehunde und Kegelrobben. Seehunde kannst du vor allem in der Nordsee, Kegelrobben eher in der Ostsee beobachten. Gemeinsam triffst du sie zum Beispiel auf der Insel Helgoland an.

Seehund	Kegelrobbe
Männchen: 2 m Weibchen: 1,7 m	Männchen: 2,3 m Weibchen: 2 m
Männchen: 70 bis 150 kg Weibchen: 60 bis 110 kg	Männchen: 170 bis 300 kg Weibchen: 105 bis 185 kg
Kopf: rundlich; Schnauze: kurz	Kopf: kegelförmig; Schnauze: lang
Fell: grau mit dunklen Flecken	Männchen: dunkel mit hellen Flecken Weibchen: hell mit dunklen Flecken
Geburt: im Sommer an Land; Jungtiere können sofort schwimmen	Geburt: im Winter; Jungtiere bleiben einige Wochen an Land

Seehunde sind scheu. Wenn sie gestört werden, flüchten sie ins Wasser. Manchmal werden dabei Seehundjunge von ihren Müttern getrennt. Dann stoßen die Jungen klagende Rufe aus. Deshalb nennt man sie Heuler. Verlassene und kranke Heuler werden in Schutzstationen gepflegt und später wieder freigelassen. Schau dir das doch mal vor Ort an!

Aber nicht alle Heuler haben ihre Mutter verloren. Sie werden nur vorübergehend allein gelassen, während ihre Mütter auf die Jagd nach Nahrung gehen. Ganz wichtig: die Jungen nicht anfassen und mindestens 30 m Abstand halten.

Hast du Robben entdeckt? Wie sehen sie aus? Hier kannst du eine Robbe malen, ein Foto oder den passenden Sticker einkleben.

Robbenart

Fundort

Datum

Pflanzen im Meer

Im Meer wachsen viele Pflanzen. Einige davon bekommst du zu Gesicht, wenn der Meeresboden bei Ebbe trocken-fällt oder abgerissene Pflanzen an den Strand gespült werden.

◄ **Seegras** ist eine grüne Wasserpflanze, die auf Kies-, Sand- und Schlick-böden nahe am Strand und im Watt wächst. Sie hat bis zu 1,5 m lange schmale Blät-ter, die sich aufrecht im Wasser hin und her wiegen. Bei Ebbe liegen die Blätter flach auf dem Wattboden. Mit Wurzeln hält sich die Pflanze im Boden fest.

Viele kleine Wassertiere, zum Beispiel Schnecken und Krebstiere, ernähren sich von Algen, die auf den Blattoberflächen wachsen. Fische heften ihre Eier an die Halme des Seegrases. Und viele Zugvö-gel weiden bei ihrer Rast im Wattenmeer das Seegras ab.

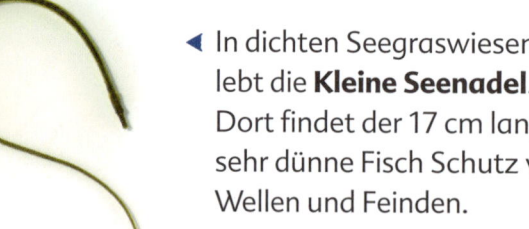

◄ In dichten Seegraswiesen lebt die **Kleine Seenadel**. Dort findet der 17 cm lange, sehr dünne Fisch Schutz vor Wellen und Feinden.

Mein getrocknetes Seegras-Blatt

Neben dem Seegras wachsen auch viele große Algen im Meer. Sie werden Seetang genannt. Der Algenkörper besteht aus einem Wedel, einem Stängel und einer Haftscheibe oder Haftkralle, mit der sich die Alge an Felsen, Steinen oder sonstigen festen Untergründen, sogar auf Muschelschalen, verankert. Nach einem Sturm findest du oft losgerissenen Seetang am Strand.

▲ **Meersalat** sieht einem Salatblatt ähnlich und ist am Rand gekräuselt.

▲ **Blasentang** besitzt paarweise angeordnete, mit Luft gefüllte Blasen.

▲ **Seeampfer** ist rot und am Rand gewellt.

▲ **Zuckertang** wird bis zu 4 m lang, ist bandförmig und am Rand gekräuselt.

▲ **Fingertang** wird bis zu 3 m lang und ist in viele längliche Bänder zerteilt.

▲ **Hauttang** trocknet pergamentartig. Wirft man ihn ins Wasser, wächst er weiter.

Der Schaum, der sich manchmal am Strand türmt, stammt von Schaumalgen, die von Wind und Wellen wie Eischnee aufgeschlagen werden.

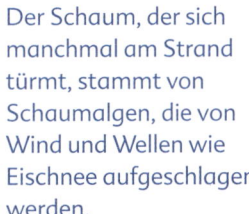

Quallen

Quallen haben einen fast durchsichtigen Körper, der zum größten Teil aus Wasser besteht und wie eine Glocke oder ein Schirm geformt ist. Sie bewegen sich im Wasser vorwärts, indem sie ihren Schirm regelmäßig zusammenziehen. Meist treiben sie aber mit der Strömung frei im Wasser. Mithilfe von Klebzellen oder giftigen Nesselzellen an ihren Tentakeln (Fangarmen) fangen sie ihre Nahrung.

Quallen werden bei stärkerem Wind vor der Küste zusammengetrieben. Einige werden dann auch an den Strand gespült. Wenn sie nicht mit der nächsten Welle zurück ins Meer gelangen, vertrocknen und sterben sie.

▲ **Blaue Nesselquallen** gehören zu den Schirmquallen. Sie leben in Nord- und Ostsee und besitzen Nesselkapseln an ihren Tentakeln. Komm ihnen im Wasser nicht zu nah!

▲ **Seestachelbeeren** kannst du oft am Nordsee-Strand angespült finden. Sie gehören zu den Rippenquallen. Sie sind nur so groß wie eine dicke Weintraube und ungefährlich.

Kreuze an, welche Quallen du schon gesehen hast — tot oder lebendig.

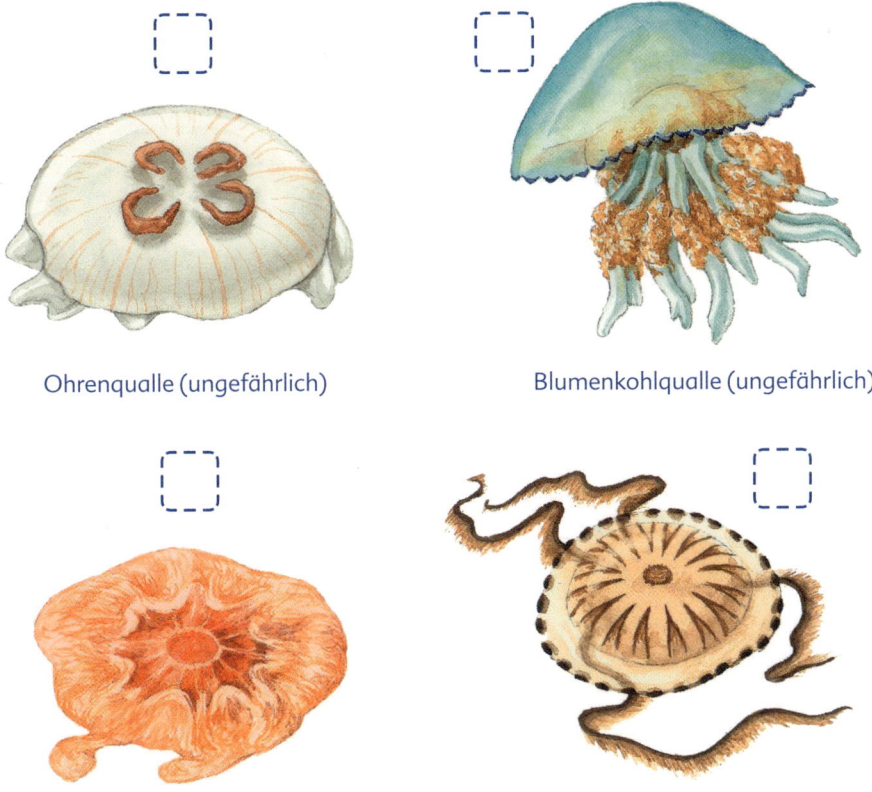

Ohrenqualle (ungefährlich)

Blumenkohlqualle (ungefährlich)

Feuerqualle (gefährlich)

Kompassqualle (gefährlich)

Wenn du beim Baden eine Feuerqualle oder eine Blaue Nesselqualle berührst, kannst du durch das Gift der Nesselkapseln ein schmerzhaftes Hautbrennen bekommen. Was tun? Schnell die Stelle mit Salzwasser anfeuchten und mit feinem Sand bestreuen, leicht antrocknen lassen und mit der Kante einer Plastikkarte vorsichtig abschaben, danach kühlen. Auch Quallen, die an den Strand gespült wurden und nicht mehr leben, können noch „nesseln"!

Register der Tier- und Pflanzenbilder

Lösung von Seite 15:

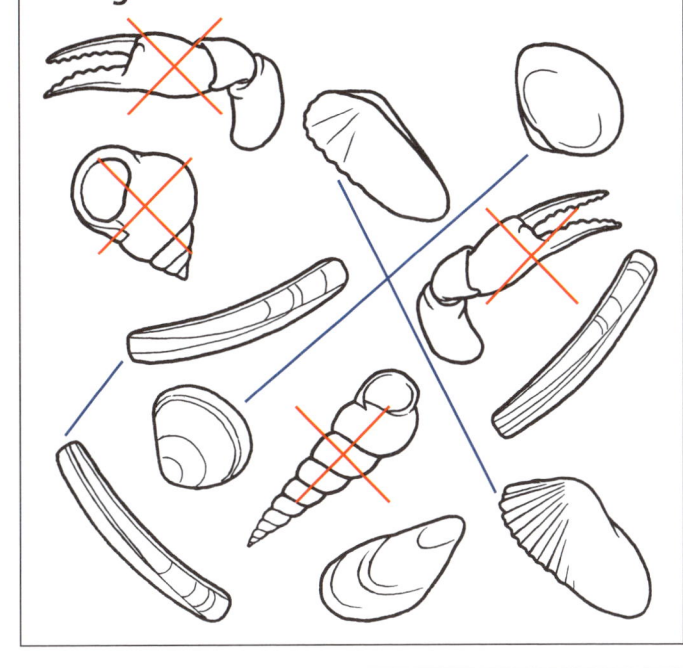

Lösung von Seite 17:

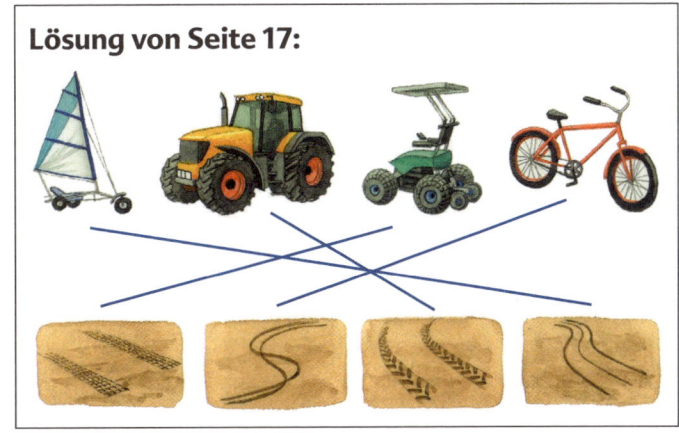

Fotonachweis

Titelbild: www.shutterstock.com/Nicram Sabod (großes Foto), www.shutterstock.com/lanych (kleines Foto)
Buchrückseite: www.fotolia.de/DeVIce (Sandweg), www.fotolia.de/Tryfonov (Muscheln)
Vorsatzpapier: www.shutterstock.com/dedi57
S. 6: www.fotolia.de/DeVIce
S. 9: www.fotolia.de/Fotofreundin
S. 12: www.shutterstock.com/Thorsten Schier (Pflanzen auf den Dünen), www.fotolia.de/DeVIce (Buhnen am Strand)
S. 14: www.fotolia.de/Tryfonov
S. 18: www.shutterstock.com/Steve McWilliam
S. 21: www.shutterstock.com/francesco de marco (Küstenseeschwalbe), www.fotonatur.de/Holger Duty (Sandregenpfeifer), www.istockphoto.de/Canon_Bob (Sanderling)
S. 22: www.shutterstock.com/Thorsten Schier
S. 26: www.fotolia.de/Frederico di Campo
S. 27: MichaelMaggs
S. 28: www.fotolia.de/Herb
S. 32: www.fotolia.de/Bo Valentino
S. 33: www.shutterstock.com/Wolfgang Kruck (Brandgänse), www.fotonatur.de/Sönke Morsch (Austernfischer), www.shutterstock.com/Mircea BEZERGHEANU (Löffler)

S. 34: www.istockphoto.de/MikeLane45 (Ringelgänse), www.shutterstock.com/Elliotte Rusty Harold (Knutts)
S. 35: www.shutterstock.com/BMJ (Vogelschwarm), www.fotolia.de/greenpapillon (Deich)
S. 38: www.shutterstock.com/bluecrayola
S. 39: www.fotolia.de/Thomas Oser
S. 40: www.fotolia.de/Friedberg
S. 42: www.istockphoto.de/Mableen, www.fotolia.de/Samopauser
S. 43: www.shutterstock.com/Apollofoto
S. 44: www.shutterstock.com/Igor Boldyrev
S. 45: www.shutterstock.com/Soleluna77 (Meerglas), www.fotolia.de/Friedberg (Donnerkeile), www.fotolia.de/Alison Bowden (Feuerstein)
S. 47: www.fotonatur.de/Sönke Morsch
S. 50: www.fotolia.de/Anne Katrin Figge
S. 53: picture alliance/dpa
S. 54: www.fotolia.de/Martina Berg (Seegras), www.fotolia.de/emer (Seenadel)
S. 55: www.istockphoto.de/DigiClicks
Nachsatzpapier: www.istockphoto.de/Rob_Ellis
Buntstifte: www.shutterstock.com

Noch mehr für Abenteurer

ISBN 978-3-649-61574-3

ISBN 978-3-649-61702-0

ISBN 978-3-649-61933-8

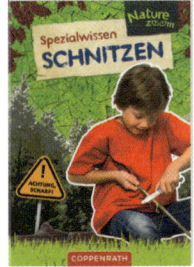

ISBN 978-3-649-61513-2

ISBN 978-3-649-61581-1

ISBN 978-3-649-61577-4

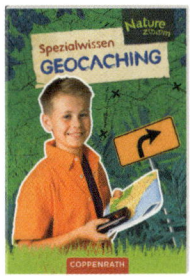

ISBN 978-3-649-61915-4

ISBN 978-3-649-61824-9

ISBN 978-3-649-61771-6

Überall im Handel erhältlich und unter www.coppenrath.de!